玉门关,始建于汉武帝时期,因西域向中原输入玉石时取道于此而得名。玉门关和阳关,是汉代重要的军事关隘,也是丝绸之路上东西方往来必经的交通要道。

风景名片

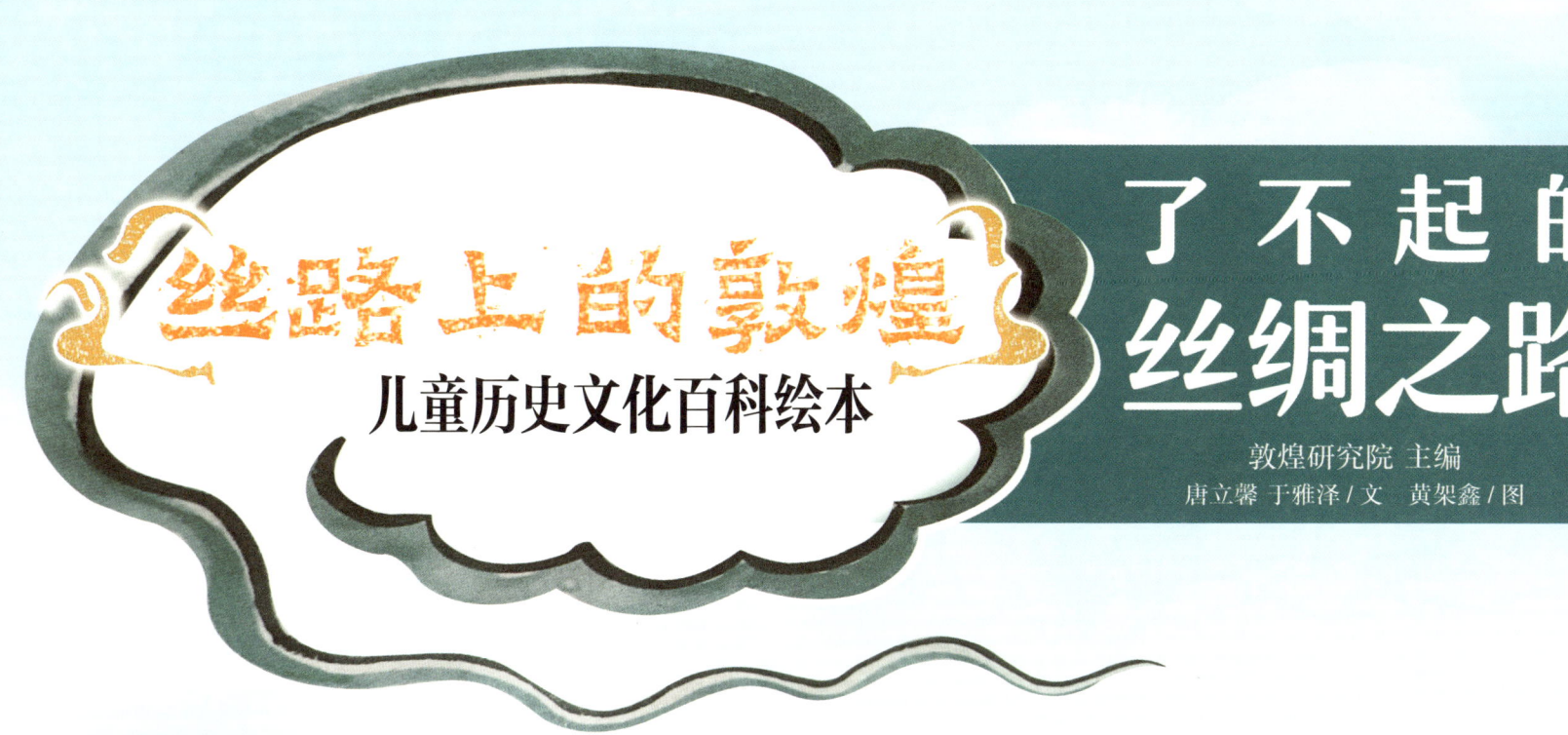

# 了不起的丝绸之路

**丝路上的敦煌**
儿童历史文化百科绘本

敦煌研究院 主编
唐立馨 于雅泽 / 文　黄架鑫 / 图

童趣出版有限公司编　人民邮电出版社出版
北京

## 图书在版编目（CIP）数据

了不起的丝绸之路 / 敦煌研究院主编；唐立馨，于雅泽文；黄架鑫图；童趣出版有限公司编. -- 北京：人民邮电出版社，2021.10
（丝路上的敦煌：儿童历史文化百科绘本）
ISBN 978-7-115-57384-1

Ⅰ. ①了… Ⅱ. ①敦… ②唐… ③于… ④黄… ⑤童… Ⅲ. ①丝绸之路—儿童读物 Ⅳ. ①K928.6-49

中国版本图书馆CIP数据核字(2021)第190615号

---

责任编辑：任立新
责任印制：邵　超
美术编辑：董　雪

---

| | |
|---|---|
| 编 | 童趣出版有限公司 |
| 出　版 | 人民邮电出版社 |
| 地　址 | 北京市丰台区成寿寺路11号邮电出版大厦（100164） |
| 网　址 | www.childrenfun.com.cn |
| 读者热线 | 010 - 81054177 |
| 经销电话 | 010 - 81054120 |
| 印　刷 | 北京利丰雅高长城印刷有限公司 |
| 开　本 | 787×1092　1/12 |
| 印　张 | 3.6 |
| 字　数 | 80 千 |
| 版　次 | 2021年10月第1版　2022年6月第4次印刷 |
| 书　号 | ISBN 978-7-115-57384-1 |
| 定　价 | 48.00 元 |

版权所有，侵权必究。如发现质量问题，请直接联系读者服务部：010-81054177。

## 编委会

主　　任：赵声良
副 主 任：张元林　张　焱　郭美荐
编　　委：范　泉　杨　林　迟耀萍　周　娟

## 出版委员会

主　　任：李　文
副 主 任：马　嘉　史　妍　刘玉一
委　　员：齐　迹　赵　倩　张　琪　宋　菲　刘奕晨　李　瑶
　　　　　王　莹　张　芳　赵玉花　王垂泽　崔晓颀　李欣昱

## 鸣　谢

中国青少年发展基金会梅赛德斯-奔驰星愿基金
中国敦煌石窟保护研究基金会

## 图像资料提供

敦煌研究院

**风景名片**　敦煌鸣沙山，山体全由细沙聚积而成，沙粒有红、黄、绿、白、黑五种颜色。山峰连绵起伏，好像大海波涛翻涌，非常壮观。当人们从山顶往下走，脚下的沙砾会因为摩擦而鸣鸣作响，故得名"鸣沙山"。

# 前 言

敦煌，位于我国甘肃省西部。历史上的敦煌曾经是丝绸之路上的交通要道，是连接东西方交通、贸易的重要枢纽。不同的文明在这里碰撞交流，促成了敦煌的繁荣，造就了魅力四射的敦煌文化。

敦煌石窟是世界上现存规模最大、延续时间最长、内容最丰富、保存最完整的佛教文化艺术宝库，被誉为"沙漠中的美术馆"，是中华民族优秀传统文化的典范，也是全人类珍贵的文化遗产。

为了让敦煌文化植根于少年儿童心中，帮助更多儿童了解敦煌、亲近敦煌、走进敦煌，感受敦煌文化的灿烂和中华文明的伟大，敦煌研究院与童趣出版有限公司携手，为广大儿童量身打造这套"丝路上的敦煌：儿童历史文化百科绘本"，意在使敦煌的故事娓娓动听，让文明的智慧熠熠生辉。

在这套绘本中，小读者将遇到一位小朋友——敦敦。小读者不仅可以和敦敦一起"走进"壁画向九色鹿"问好"、"做客"古代敦煌人家、与丝绸之路上的商人"聊天"，还可以"遇到"许多赫赫有名的敦煌人物，与他们一起，开启一次美丽神奇、妙趣横生的穿越之旅！

本套绘本共4册，分别从敦煌历史、敦煌艺术、敦煌生活、敦煌与丝绸之路4个角度，为小读者打开一扇敦煌文化之窗。这套精美的绘本，将为小读者们呈现100多幅敦煌石窟壁画原图，包含了敦煌莫高窟、榆林窟和东千佛洞的大大小小共54个洞窟中的壁画。图中全部标注了石窟编号，便于小读者到敦煌参观时按图索骥，演绎属于自己的敦煌故事。为配合故事情节，本套图书还设有"壁画小知识""历史小知识""冷知识"等栏目，以增强知识性和趣味性。

希望这套图书不仅能够让小读者学习了解敦煌文化,而且还要让小读者们懂得,敦煌文化是中华优秀传统文化的代表,守护敦煌、弘扬"莫高精神",是值得一代又一代人为之努力和奋斗的事业。

最后,衷心感谢中国青少年发展基金会梅赛德斯-奔驰星愿基金和中国敦煌石窟保护研究基金会对"丝路上的敦煌:儿童历史文化百科绘本"出版项目的大力资助,感谢文字撰写者和插画师的妙笔生花,感谢童趣出版有限公司的支持与出版。

愿今天的儿童成长为明天的敦煌文化守护者,成长为中华优秀传统文化的继承者和传播者。

敦煌研究院 党委书记

赵声良

**风景名片**:月牙泉,古称"沙井",又称"药泉",位于鸣沙山北麓。形状似一弯新月,且泉水清澈如镜,自古以"沙水共生,山泉共存"的奇妙景观而著称。

敦敦一家乘坐的汽车正缓缓行驶在沙漠边缘的公路上，大片大片的胡杨林在路边倔强地挺立着。看着窗外金灿灿的景色，敦敦有点儿犯困了。就在上下眼皮打架的瞬间，他好像看到远处的沙丘上，走来了一支驼队。长长的队伍让敦敦想到了在莫高窟壁画上见过的那些南来北往的胡商。想着想着，敦敦合上了眼睛，进入了梦乡……

# 远道而来的商队

忽然,耳边一阵清脆的驼铃声把敦敦吵醒了。他缓缓睁开眼睛,发现自己正站在一段崎岖的山路上,几位高鼻深目的外国商人正牵着骆驼朝他这边走来,队伍中还跟着几匹骡子。敦敦揉揉眼睛,四处望了望,这场景让他觉得有点儿眼熟……对了!这不就是莫高窟壁画里的胡人商队嘛!

这时,商队中的商人也注意到了敦敦。其中一位好像是翻译的人,用标准的汉语向敦敦打了声招呼:"小朋友,你好。"

"你们好。"看着面前这几位衣着奇特的商人,敦敦的好奇心战胜了害怕,他想知道这些胡商是怎么在中国做生意的,他想跟着商队去看一看。

你可以叫我阿信。我们商队常年往来于西域和中原,所以大家多少都会说一些汉语。

我叫敦敦。你的汉语说得可真好!

**丝路小知识** 译语人

有些胡商的语言天赋非常突出,在古代丝绸之路上,他们会从事翻译一职,为往来东西方的商人提供翻译,这些人被称为"译语人"。

**丝路小知识** 胡商

古代对住在北方边境和西域的少数民族商人的称谓，后来也指来中国做生意的外国商人。他们买卖货物、交易特产，奔走于各地，也被称为"商胡"。

原来，丝绸之路上不仅有丝绸，还有这么多种商品！

是啊！中国的瓷器、漆器、铁器在国外特别受欢迎，纸张也是经由我们传播到其他国家和地区的！

## 丝路小知识　外来的货物

当中国的货物源源不断地传到西方时，西方商人也为中国带来了人们前所未见的许多物品。比如苜蓿、郁金香等植物；狮子、豹、西域名马等动物；还有大量精美的工艺品及装饰品，比如琉璃、呢绒、毛毯等。

玉器

瓷器

铁器

玻璃器皿

## 不仅仅是丝绸

有了敦敦的加入，整个商队都热闹了起来，大家都很喜欢这位可爱的小朋友。其中一位商人笑着对敦敦说："在我们家乡，像你这么大的孩子，都已经开始跟着大人学做生意啦。"

"这么小就做生意？我还在上学呢！"敦敦惊讶地说。他转头看了看骆驼身上驮的货物，好奇地问："这些货物都是从你们家乡带来的吗？"

"不全是。"阿信拍了拍骆驼背上的大口袋说,"我们也会把其他国家的商品带到长安去卖,这里有中亚的玻璃器皿、宝石,还有各种土特产。我们会把中国的丝绸、瓷器、铁器等运往世界各地!"

**丝路小知识** 逆旅是旅店？

逆，本意为迎接。逆旅就是迎接旅客的处所，也就是旅店。在唐代的洛阳和长安，都专门开设有胡商逆旅。

敦煌附近有很多驿站，比如清泉、白亭、双泉、悬泉等。这些驿站除了为往来的公使提供生活居处外，还为大量的客商提供生活方便。

## 南来北往的胡商

敦敦跟着商队一边走一边聊，不知不觉中，天色已晚。大家来到一家旅店门口，打算休息一晚，第二天再接着走。

旅店里可真热闹！穿着不同民族服装的人们，热情地用不太标准的汉语和其他语言相互打招呼，聊着自己在路途中的所见所闻。阿信告诉敦敦，这些人有的来自波斯（今伊朗）、有的来自天竺（位于今印度半岛），还有的来自大食（位于今阿拉伯半岛及周边）。他们中不仅有商人，还有僧人和使节。

# 舌尖上的敦煌

旅店里的客人们天南海北地聊着,敦敦听得入了迷。这时,女店主罗娘从屋后走了出来,热情地招呼大家去吃饭。

"吃饭喽!"敦敦兴奋地拍了拍手。走了一整天,他可饿坏了。顺着飘来的香味,敦敦来到餐桌前。晚餐可真丰盛!有叫不上名来的各种饼、大块的肉、多样的蔬菜,还有香甜的水果和敦敦爱吃的奶酪。

**饮食小知识** 敦煌人的餐桌

敦煌人以面食为主。今天我们吃的"汤面片",就源于唐代敦煌百姓家常见的"汤饼";我们在西北地区常吃到的馕,就是当年长途跋涉的行旅商人必备的"胡饼"。在莫高窟壁画中,还能看到油饼、馒头、馓子等各种面食。

莫360窟

**小知识** 敦煌的"胡卢"

在敦煌,冬瓜、南瓜均被称为"胡卢",也就是"葫芦",从名字就可以看出来,它们来自西域。

莫12窟

莫236窟

**饮食小知识** 丰产的果园

在唐代,敦煌的果园里种着杏、梨、瓜等水果。其中的西瓜、甜瓜约在西汉时由丝绸之路传入中国,此后便一直在敦煌种植。因为敦煌地区光照充足,四季分明,产出的瓜十分甜美,常常作为贡品献给朝廷。北魏孝明帝时,敦煌因盛产美瓜,曾被改名为瓜州。可想而知敦煌的瓜有多么香甜!

## 多样的民族乐器

就在敦敦津津有味地品尝美食时，一阵悦耳的音乐声传了过来。敦敦四处看了看，原来是一支乐队正在一旁演奏。他们吹奏、弹拨着手中的乐器，演奏出婉转动听的乐曲。与敦敦平时常见的钢琴、小提琴和吉他不同，这些乐器他大都叫不上名字来。

看到敦敦一脸疑惑的样子，女店主罗娘笑着说：“他们可是我们这里特别受欢迎的乐师。他们用的乐器有笙、横笛、琵琶、箜篌（kōng hóu）、手鼓和腰鼓。合奏起来余音绕梁，非常动听呢！"

### 乐器小知识

**琵琶：** 虽然"琵琶"这两个字出现于汉代，但汉代的琵琶指的是圆形的阮。南北朝时，从西域传入了一种曲项琵琶，人们把这种琵琶和原来的琵琶（也就是阮）结合起来，制成了一种新式曲项琵琶。一直到唐代，琵琶这一名称和样式才被确定下来。在敦煌壁画上的各类乐器中，琵琶的数量最多，仅莫高窟就有700余面。

**箜篌：** 中国古代流传过两种形制的箜篌——卧箜篌和竖箜篌。卧箜篌在春秋战国时期开始流行，后传到朝鲜。汉代以后，竖箜篌经西域传入中原，经过漫长的改良和发展，成为我国的一种民族乐器。

**笙：** 一种吹奏类的簧管乐器。由簧管、斗子、吹嘴三部分构成。

**横笛：** 就是今天的竹笛。莫高窟壁画中的横笛有500余支。

**腰鼓：** 腰鼓有细细的腰身，两端包裹着皮革，用手拍或者手杖击打发声。

# 一起来跳舞

"真好听!"敦敦的注意力完全被乐队吸引,都差点儿忘记吃饭了。伴随着美妙的音乐旋律,有几名舞者在乐队中翩翩起舞。她们的舞姿有的柔美曼妙,有的雄壮矫健。只见舞者轻柔扭动间,长长的袖子随着手抬起又落下,挥洒自如。在一旁欣赏的敦敦,也情不自禁地学着舞者扭动起来。这舞蹈可真是难,敦敦一点儿都学不来。

我们的舞蹈形式可多了,一起来跳吧!

哇,好难学呀!

莫360窟

## 舞蹈小知识　各种各样的舞蹈

（莫154窟）

**巾舞**：因舞者执巾而舞得名，属于中国传统舞蹈，并长期在中原地区流传。

在唐代的敦煌地区，巾舞不仅保留了中国民族舞的特征，也吸纳了很多其他地区舞蹈的元素。

（莫220窟）

**胡旋舞**：不停旋转的胡旋舞源自西域。以疾速旋转的舞步为主。舞者在原地旋转着，同时甩动手里的长巾，身上的衣裙和配饰随风飘扬，画面极其赏心悦目。

### 互动游戏

在敦煌壁画上有很多舞者在翩翩起舞的画面。小朋友，你也可以按照书中介绍的舞姿学一学哟。

19

# 锦绣丝路

在大家还沉浸在美妙的音乐中时,驿站又来了一队风尘仆仆的商队。他们小心翼翼地卸着货物,一位领队模样的人不时地指挥着:"清点好数量,这可是从长安带往波斯的丝绸,千万小心!"

女店主罗娘连忙迎了上去,笑着问道:"长安最新的纹样,帮我带来了吗?"

"带来了,带来了!这可是长安现在最流行的!"说着,领队从货物中拿出一个卷轴,罗娘迫不及待地接过来展开卷轴,敦敦也好奇地凑上前去。

> 没错!咱们的纺织技术世界一流呢!

> 好漂亮啊!这么复杂的纹样也能织出来吗?

## 壁画小知识  多彩的纹样

在古代中国盛行的纹样很多都源自其他国家和地区，它们与中国传统纹样融合发展，成为古人服饰、绘画和建筑上的图案元素。

（莫272窟）

**忍冬纹**：植物图案纹样。盛行于南北朝时期。最初是作为印度装饰的一种样式传入中国的。作为一种边饰，忍冬纹主要应用在石窟、器物等的装饰上。

（莫425窟）

**联珠纹**：图案纹样的一种。因为珠子连成环状而得名。联珠纹在约4世纪的时候由西亚传入中国，隋唐时盛极一时，成为人们最喜爱的锦绣纹样之一。

（莫322窟）

**石榴纹**：植物图案纹样。出自古波斯，然后随丝绸之路传入中国。它有多子多福的吉祥寓意，所以被当时的人们迅速接受。初唐时，石榴纹逐步被融入敦煌的其他图案中。

## 纺织小知识  官营的丝织厂

隋唐时期，官方在全国征集纺织技术最好的工匠，到官方经营的"丝织厂"工作，所以生产出的锦帛代表了当时中国丝织技术的最高工艺水平。因为锦的生产工艺要求高，难度大，所以是古代最贵重的织物。

（莫17窟）

## 壁画小知识  敦煌壁画中的立机

立机，也称"竖机"，是古代织机的一种。莫高窟第96窟中绘有一架织机，是敦煌壁画中最早出现的织机。第98窟北壁也绘有一架织机，结构虽然非常简单，但从形制来看，可以认为是一架脚踏式立机。

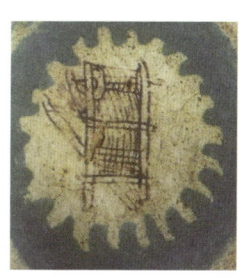

（莫98窟）

# 胡服汉服，各领风骚

男装女穿，在我们这里可是一种时尚！穿上这身衣服，再搭配上束带和高靴，就可以和朋友们去骑马游玩了。

"敦敦，走，我带你去看看用这些纹样织出来的衣服，保证让你大开眼界。"罗娘说着，把敦敦拉到了店铺后面的织衣间内，敦敦第一次零距离地看到这么多"新鲜出炉"的衣服。他指着一件翻领长袍，问道："这件衣服穿上一定特别帅气！这是给谁穿的？"

"是我穿的！这是我刚做出来的男士胡服。"

"男士胡服？"敦敦睁大眼惊讶地问。

女十一娘供养

女十三娘供养

### 帔（pèi）帛和帔巾

多以轻薄的纱罗制成，短一些的是帔帛，未出嫁的女子所用，长些的帔巾是已婚女子使用的。

（莫130窟　都督夫人供养像　段文杰临摹）

**服饰** 小知识

（莫445窟）

（莫217窟）

（莫217窟）

**英姿飒爽的男装女穿**

唐代文化的多元与包容，催生了诗意帅气的男装女穿风尚。在敦煌壁画中，不乏身着唐代士人常服——翻领、开衩圆领袍的女性形象。

**靴子的逆袭**

丝绸之路上来回奔波的商旅、使者将胡人的靴子带进了中原。靴子保暖性好，还能减轻骑马时对腿部的摩擦。靴子进入中原后，先是在军队中流行，后来百姓们也穿上了靴子，连皇帝也穿它呢！

**唐代的防晒帽**

帷帽起源于北齐妇女出门时用纱帛罩头的习俗，最早流行于西域地区。到了唐代，这种纱罩演变成帷帽，成为贵族妇女骑马外出时戴的帽子，有防风沙和防晒的功能。

# 古代的儿童服装

"我这里还有适合你穿的衣服呢！"罗娘一边翻找衣服一边对敦敦说。"适合我穿的？"敦敦惊讶地问。只见罗娘从一叠衣服中，拿出了一件儿童穿的背带裤！

"古代竟然也有背带裤？好时尚啊！"敦敦上前摸了摸，手感还很好呢。

"这种背带裤是从波斯传过来的，我们把它称作'波斯条纹紧脚裤'。"罗娘解释道。

**壁画小知识**

**背带裤：** 背带裤是唐代非常流行的一款儿童服饰。据考证，背带裤在魏晋时期就已出现，不过当时是"背带裙"的形式，到了唐代就有不少穿着背带裤的儿童形象出现在图书、壁画等作品中。

（莫220窟）

（莫220窟）　　　　（莫329窟）

**半臂：** 又称"半袖"，由短袖发展而来。袖子长度到手肘，衣服长度到腰部。唐代时非常流行，无论男女都可以穿。

因半臂衣领宽大，在夏天穿简单凉快，因此深受儿童喜爱。

**围嘴儿：** 围嘴儿是年幼孩童必备的服饰物件，围在胸前可保持衣服的清洁。唐代时，幼童胸前戴着围嘴儿的形象就已经很常见了，如莫高窟壁画第329窟中的戴橙色围嘴儿的童子。

# 到敦煌去

晚饭结束，客人们都去休息了。度过了快乐又充实的一天，敦敦很快就睡着了。第二天一大早，敦敦依依不舍地与罗娘告别，然后和商队一起离开旅店，

莫 172 窟

继续向前行进。他们的下一站就是敦煌。心驰神往的敦煌近在眼前了,敦敦万分激动:"我们就快到了吗?"阿信指着前面的城墙说:"看,那里就是敦煌!"

**历史** 小知识　敦煌古城

敦煌古城始建于汉代,古时称作沙州,现成为敦煌沙州古城遗址。位于敦煌市区以西约3公里处的党河西岸。由于年代久远,加上自然和人为的破坏,只剩下南、北、西三面断壁残垣。

# 胡粉：淡妆浓抹总相宜

敦敦一行人从西门进入敦煌，拐入一条名为兴庆的街道，走进了一家店铺里。刚踏过门槛，就听到有人大声喊："你们终于来了！"这家店主名叫康秀华，是长期居住在敦煌的胡商。阿信的商队也为他送货。

"这些箱子里都是玻璃器皿，这些是胡锦……"商队的领队一一交代着。阿信把一个袋子递给了康秀华："这是胡粉。"康秀华一边记录一边道谢。

**历史小知识** 东传的玻璃器皿

古代敦煌地区流行的玻璃器皿并非敦煌本地生产的，是经由丝绸之路传入敦煌的。丝绸之路是宋代以前玻璃器皿进口的主要通道。敦煌壁画中出现的玻璃器皿有100多件，形状有杯、碗、盘、钵等，大多来自丝绸之路上的其他国家和地区。

（莫57窟）

（莫159窟）

**历史小知识** 胡粉

常见的胡粉为纯白色的粉末，是一种人造颜料。它既是一种高级化妆品，也是石窟彩绘常用的颜料。在汉代，就有用胡粉画壁画的记载了。

# 写一封家信

货物很快就清点完毕。最后,阿信从行囊里小心翼翼地掏出一封信笺,对康秀华说:"这是你家里人托我带给你的信。如果要回信,等我从长安回来再来取。"

## 历史小知识  悬泉置

汉代时,朝廷在敦煌附近设置了一处"悬泉置",承担传递官府文书,接待过往官员和中外使节,为官员提供食宿、车辆、马匹等职责。1990—1992年,考古工作者在这里挖掘、出土各种器物3000余件,简牍文书25000余枚。悬泉置遗址中还出土了9张带文字的汉纸,这将中国书写用纸的历史大大提前了。

"这里没有邮局吗?"敦敦好奇地问。"敦敦,你说的邮局,在我们这里就是驿站,驿站一般是用来传递公文的,不能给私人送信。"阿信耐心地解释道。"原来是这样。"敦敦点了点头。"古人要给家里寄一封信,可太不容易了。"他想。

莫156窟

### 历史小知识　古时的邮驿

在汉代,用车传送信件被称为"传",走路传送信件被称为"邮",用马匹来传送信件被称为"驿",而为"驿""传"提供吃饭住宿的地方,称为"置",为"邮"设置的中转停留的地方是"亭"。

唐代驿站不仅非常多,而且传送信件速度很快,因为新兴的纸张代替了沉重的竹简,减轻了信件的重量,提高了"快递员"行走的速度。

# 绚丽多彩的石窟壁画

送完货物后,敦敦就和商队在敦煌城中休息了一晚。第二天,敦敦和阿信一起迎着初升的太阳,去莫高窟给画匠送颜料。

他们刚走进石窟,画匠就笑着走上前说:"可算等到你们了!就差这青金石的蓝色颜料没上了。"阿信连忙把手中的胡粉和青金石颜料交给画匠。原来,能画出漂亮蓝色的青金石来自遥远的中亚地区,每次都需要商人们一路带过来。敦敦环顾四周,眼前绚丽的景象让他惊叹连连。

这些壁画不仅颜色好看,花纹也很美!

是啊,有的花纹是咱们中国的图案,有的则来自遥远的国外。你看,我们还画了神话里的人物呢。

莫285窟

**壁画小知识** 壁画上的神话人物

在敦煌的壁画上，可以看到许多中国古代神话中的形象，比如伏羲、女娲、乌获、朱雀等。

**伏羲、女娲**：中国古代神话人物形象。均为人头、蛇身、蛇尾。伏羲胸前有日轮，双手持圆规；女娲胸前有月轮，双手持矩尺和墨斗。

**乌获**：中国古代神话中的天宫诸神之一。兽首人身，肩膀上有蓝色双翼，有手脚，手臂上有羽毛，身壮而有力，能扛起鼎，所以有成语"乌获扛鼎"。

**朱雀**：中国古代神话中的四神之一。头部似凤凰，有冠，脖颈有环饰，拖着长长的尾巴，展翅欲飞。

敦敦正目不转睛地望着石壁上色彩缤纷的壁画，忽然间，他感觉好像被什么东西震了一下。一道亮光袭来，敦敦醒了。原来是汽车颠簸了一下，把敦敦拉回了现实。敦敦坐起身来环顾四周，他看到了爸爸妈妈，也看到了窗外依然望不到头的黄沙。

"原来我只是做了一场梦啊。"敦敦小声说道。虽然是梦境，但敦敦依然相信，梦中的一切都是真的。商队、阿信、罗娘、漂亮的汉服和胡服、好吃的胡饼……这些他永远也忘不了。

# 壁画上的"动物园"

在莫高窟45000多平方米的壁画中,有很多可爱的小动物藏在其中,有的奔跑在山野中,有的穿行在亭台楼阁中,有的翱翔于天空,还有的畅游在水里。这些画在壁画上的动物非常生动有趣。有的重于传神,风格粗犷豪放;有的重于写实,描绘得十分精致。现在让我们一起来看看它们吧。这里还有十二生肖里的动物呢,你找到了吗?

## 地上跑的动物

**象**
在中国古代先民的心中,大象寓意着天下太平,所以有"太平有象"之说。
(莫103窟)

**鹿**
这只著名的九色鹿姿态挺拔优美,皮毛色彩斑斓。
(莫257窟)

**虎**
一只饥肠辘辘的老虎。
(莫428窟)

**猴**
猕猴正在采野果,高兴地手舞足蹈。
(莫76窟)

**羊**
昂扬站立的山羊。
(莫76窟)

**蛇**
巨大的蟒蛇紧紧缠绕着大树。
(榆16窟)

**鼠**
偷偷溜进佛堂的老鼠。
(榆25窟)

**马**
刚刚卸下重担的大马。
(莫431窟)

**猪**
悠然自得的野猪妈妈。
（莫249窟）

**牛**
拔腿狂奔的青牛。
（莫257窟）

**兔**
三只共用耳朵的小兔子。
（莫407窟）

**鸡**
两只跃跃欲试的斗鸡。
（莫285窟）

## 水里游的动物

**狗**
闻着肉香味而来的小狗。
（莫85窟）

**鹅**
青绿色的水池中，一只白鹅曲颈挺胸，姿态优雅。
（莫435窟）

**鱼**
一尾大鱼在波涛汹涌的大海中遨游。
（榆3窟）

## 天上飞的动物

**孔雀**
孔雀是一种美丽的动物。
（莫428窟）

**大雁**
这只大雁口中衔着一朵花，朝着前方飞去。
（莫158窟）

**龙**
腾云驾雾的黑龙。
（东千佛洞2窟）